Jokin de Irala

El valor
de la espera

D0869671

PALABRA

1ª edición, junio 2007
2ª edición revisada, febrero 2008
3ª edición, diciembre 2009
4º edición, junio 2011

Colección: dBolsillo MC
Coordinador de la colección: Darío Chimeno

© Jokin de Irala, 2007
© Ediciones Palabra, S.A., 2011
    Paseo de la Castellana, 210 - 28046 MADRID (España)
    Telf.: (34) 91 350 77 20 - (34) 91 350 77 39
    www.palabra.es
    epalsa@edicionespalabra.es

Diseño de portada: Javier Pérez León
ISBN: 978-84-9840-541-5
Depósito Legal: M. 25.599-2011
Impresión: Gráficas Anzos, S.L.
Printed in Spain - Impreso en España

A Begoña, Leire,
Jokin, Pablo Mikel y Javier.

ÍNDICE

1. Antes de leer este libro

Hablarte de la castidad constituye un cierto reto para los padres y para otros educadores que hablan contigo con el acuerdo de tus padres, porque se tienen que enfrentar a un ambiente contrario al simple hecho de pronunciar esa palabra. De una manera globalizada, y con cierta intolerancia, parece que solamente es aceptable una opinión al respecto: se afirma que hablar de castidad es plantear algo negativo basado en prohibiciones. En realidad, muchos educadores estamos convencidos de que la castidad forma parte de la formación integral de todo ser humano y que, todo lo contrario, nos libera, nos ayuda a vivir con más plenitud y de una manera más humana nuestra vida como seres sexuados. En definitiva, es una propuesta que te ayuda a vivir en la práctica algo que tanto anhelas en el fondo, tu vocación para el amor.

La educación debe hacerse contando con la realidad de los jóvenes, a la vez que hacemos un esfuerzo pedagógico de no plantearlo únicamente desde la descripción de los peligros que acechan a quienes se abandonan a sus impulsos. Por el contrario, debemos hacer hincapié en describir sus ventajas y la felicidad de quienes, desde un concepto de la sexualidad respetuoso con la naturaleza de la persona, son capaces de amar mejor. Es preciso saber transmitir que esta visión concreta de la sexualidad es una buena noticia universal porque beneficia a cualquiera y no solamente al creyente. Me hace ilusión pensar que te pueda acompañar en la construcción de un proyecto de amor en tu vida y de que comprendas el valor que tiene la espera, es decir, reservar la entrega de tu sexualidad hasta que puedas asumir el compromiso de un proyecto familiar estable con otra persona.

Estas líneas pretenden ayudarte a tomar decisiones más reflexionadas cuando estés buscando el sentido de tu vida y tu felicidad. Se basan en mi experiencia como profesor universitario. He tenido la suerte de que mis alumnos hayan querido compartir generosamente conmigo sus vivencias y opiniones sobre estas cuestiones durante largas conversaciones. También utilizo ideas transmitidas por otros autores como Dennis Sonet, con gran experiencia educando a jóvenes[1]. Me fascinó la primera vez que le oí hablar de la preparación para el

---

[1] Sonnet, D., *Su primer beso. La educación afectiva de los adolescentes*, Sal Terrae, Santander 2002.

amor cuando yo era estudiante de medicina. Algunos aspectos descritos en este texto también forman parte de un libro que he escrito para jóvenes que se están preparando para casarse[2].

En el primer capítulo, quiero comentarte escuetamente diferentes enfoques sobre la sexualidad humana para centrarme en el que sitúa a la sexualidad como expresión de amor y origen de la vida entre un varón y una mujer establemente comprometidos en el matrimonio. Aunque las motivaciones para esperar al matrimonio antes de tener relaciones sexuales no deben basarse en aspectos negativos o en los peligros de otros enfoques de la sexualidad, es, sin embargo, obligatorio detenernos a analizar la masturbación, la sexualidad sin amor y la sexualidad sin compromiso, porque son realidades que no podemos obviar. Una vez analizados, abordaremos, en el capítulo 6, cómo la espera te permitirá construir un proyecto de amor más pleno, siendo un acto de amor anticipado que se materializará en el momento de entregarte por primera vez a esa persona con quien has decidido compartir tu vida y construir una familia. No podemos olvidar a las personas que ya han tenido relaciones sexuales porque, como se explica en el capítulo 7, pueden tomar la decisión de reconstruir

---

[2] De Irala, J., *Un momento inolvidable. Vivir plenamente la afectividad, el amor y la sexualidad*, Editorial VOZDEPAPEL, Madrid 2005.

su virginidad. Finalmente te resumiré las diferencias entre la cohabitación y el matrimonio, porque no son equiparables, y terminaré resumiendo la propuesta cristiana. Quiero recordarte, en cualquier caso, que todo lo comentado en este libro es un mensaje que te puede beneficiar, aunque no seas creyente.

2. El sentido de la sexualidad

La Organización Mundial de la Salud (OMS) define la salud sexual como:

«La integración de los elementos somáticos, emocionales, intelectuales y sociales del ser sexual por medios que sean positivamente enriquecedores y que potencien la personalidad, la comunicación y el amor». Por otra parte, la palabra sexualidad viene del latín *secare* que significa separar. Se fundamenta en que varón y mujer son diferentes pero también iguales porque poseen la misma dignidad como personas. Desde las diferencias, se complementan gracias al amor para fundar una familia. Algunas personas, sacerdotes, religiosos/as, o laicos/as, encuentran en su proceso personal de crecimiento y maduración del amor un modo de compromiso y entrega total en el que, en vez de entregarse a otra persona, se entregan a Dios y, por amor a Él, dedican su vida a servir a los demás. Esta unión espiritual también es fecunda y fuente de alegría.

Lo que observamos en animales, unidos accidentalmente con fines reproductivos, es algo totalmente distinto a lo que realizan un varón y una mu-

jer cuya unión estable se basa en el amor y en un
compromiso personal que les lleva a unirse también
a través de la relación sexual y a compartir su amor
con otras personas. En la definición de la OMS también queda implícito que la sexualidad humana se
diferencia de la animal en varios aspectos, entre los
que destaco algunos en el esquema siguiente:

SEXUALIDAD HUMANA	SEXUALIDAD ANIMAL
Hablamos de tendencias controladas por la inteligencia	Hablamos de instinto
La voluntad y la libertad hacen posible la abstinencia	Es determinista
Gracias a la cultura, la sexualidad entre varón y mujer es diversa	Consiste en un apareamiento
Está siempre presente	Suele haber estacionalidad
Es un acto consciente	El animal no comprende su sentido
Consiste en una relación interpersonal entre varón y mujer	Es un acoplamiento entre aparatos reproductores
Mejor hablar de «encuentro sexual», «relación sexual»	Puede ser más propicio hablar de «coito, cópula»
El proceso de excitación es complejo	El proceso de excitación es reflejo
Existe el pudor, la intimidad	Suele ser espontánea
Existe el orgasmo femenino	No hay orgasmo en la hembra
Podemos hablar de AMOR	...
Si uno es creyente, integra la espiritualidad, la religión	

Cualquier persona puede identificarse con una o más características de esta tabla. Al ser personas libres, es posible observar los comportamientos de la columna de la derecha en algunas personas. Por ejemplo, hay personas que difícilmente controlan sus impulsos sexuales o que se abandonan a la excitación sexual con facilidad. Otras no son conscientes de lo que hacen, por ejemplo, cuando están bajo el efecto del alcohol u otras drogas o pierden el pudor teniendo relaciones en lugares públicos al igual que los animales. Finalmente hay a quienes no les importa que la otra persona llegue a la gratificación sexual y, simplemente, buscan la suya. Es bastante evidente que estarían empobreciendo su sexualidad, ya que no desarrollarían todo su potencial humano.

Muchos seres humanos viven una sexualidad más parecida a la animal que a la humana, perdiéndose así el enriquecimiento mutuo que es propio de la sexualidad humana. Los conceptos de libertad, voluntad y aprendizaje o educación adquieren una especial relevancia cuando un varón y una mujer proyectan constituir una auténtica unión entre personas. En este contexto y cuando existe el compromiso para un proyecto familiar común, la sexualidad humana se desarrolla con más plenitud. Cuando hablamos de RELACIÓN conyugal o sexual, ENCUENTRO conyugal o sexual o ABRAZO conyugal o sexual, estamos, de hecho, haciendo énfasis en el aspecto de relación interpersonal propia de la sexualidad humana.

La sexualidad humana tiene varias dimensiones: biológica, afectiva, placentera, cognitiva, religiosa, espiritual y socio-cultural; todas deberían satisfacerse y desarrollarse de manera armoniosa. A la hora de basar nuestras conductas y decisiones en una concepción determinada del ser humano (antropología), deberíamos tener en cuenta que la antropología llamada «naturalista» u «observadora», que pretende ser «neutral» y evita cualquier interpretación moral o social de los hechos, afirma que ninguna educación debe frenar los instintos y que la normalidad es «lo frecuente». Esto nos conduciría más bien a una sexualidad con características animales. Por el contrario, una antropología de la persona afirma la primacía de la persona como objeto de encuentro y amor. De esta manera, no puede existir el don de uno mismo si no somos dueños de nosotros mismos; y esto no es posible sin libertad, voluntad, autodominio y educación; es, por esta razón, la antropología que mejor te puede conducir a una sexualidad plenamente humana.

Aunque muchos se esfuercen en afirmar lo contrario, las relaciones sexuales no son anodinas o indiferentes. Somos seres sexuados y la sexualidad implica a toda nuestra persona y no solamente a nuestros órganos genitales. En cada relación sexual dejamos parte de nosotros en la otra persona, aunque no siempre seamos conscientes de ello.

Se puede afirmar que la sexualidad humana «siempre tiene consecuencias», que, obviamente, pueden ser buenas o malas. Sin embargo, muchos medios de comunicación transmiten sin cesar la falsa idea a los jóvenes de que la sexualidad está libre de consecuencias con tal de usar preservativos.

Las primeras relaciones conyugales pueden llenarnos de felicidad, aunque no sean «técnicamente» perfectas. Para lograrlo, deben prepararse con tiempo, como se prepara una buena cena que queremos compartir con amigos. La presencia del amor a la persona es imprescindible en esas primeras relaciones sexuales entre un varón y una mujer porque, de lo contrario, surgirá inevitablemente el sufrimiento de uno o ambos. Por ejemplo, puedes sentirte utilizado/a si, después de entregarte a alguien que amas, percibes que, para esa persona, la relación sexual solamente ha sido una manera de pasar el rato.

Muchos confunden el amor con el deseo. El deseo que tienen un varón y una mujer de tener relaciones sexuales es normal y no hay nada malo en ello. Pero el deseo no es necesariamente sinónimo de amor, aunque el deseo sí sea necesario para el amor. Podemos sentir deseos de diferente índole pero lo que nos enriquece, como seres humanos, es lograr armonizarlos para que nos conviertan en

personas con una mayor preparación y crecimiento personal. Por ejemplo, la vitalidad propia
de la juventud y el deseo de autonomía pueden
convertirse en una mayor actividad por tu parte en
el seno de una asociación civil que ayude a personas necesitadas. De esta manera, los deseos pueden transformarse en un servicio al prójimo y, de
paso, al armonizarse también con el deseo sexual,
uno/a se encuentra más preparado/a para esas primeras relaciones matrimoniales. El amor a la persona con quien queremos fundar una familia se
caracteriza por acompañarse de deseos importantes como el deseo del respeto profundo, de hacerle
feliz, del gozo de comunicarse, de ternura, de intimidad física y el deseo de darle un hijo convirtién-
dole en padre o madre de nuestros hijos.

Las cuestiones que acabo de describir escuetamente deberían formar parte, como hilo conduc-
tor, de la educación y preparación para el amor de
jóvenes como tú. En este texto espero introducirte
a algunos de estos conceptos para que puedas pro-
fundizar en ellos con tus padres y con la ayuda de
los educadores que trabajan de acuerdo con tus
padres.

En resumen, la relación sexual entre un varón
y una mujer es la expresión más real, profunda y
hermosa que se puede dar entre dos personas que
se aman con un amor que compromete su vida entera en un proyecto común y único. La sexualidad

humana es un tesoro porque nos permite entregarnos a alguien y dar vida. El encuentro sexual es, ante todo, manifestación de esa donación de amor incondicional de los esposos, que es siempre espiritualmente fecunda y que se encarna también en los hijos. Por eso, la imposición o la presión para mantener relaciones sexuales no es manifestación de amor y es una actitud que debe ser rechazada siempre.

ACTIVIDAD: *EL AMOR FALSO, EL AMOR VERDADERO*

Fíjate en las situaciones y/o comportamientos siguientes[3]:

Indica con una «V» cuáles son manifestaciones que ayudan a alcanzar un amor maduro.

1. Búsqueda individualista de la propia satisfacción: es algo que se busca y se hace para uno mismo.

2. Se llega a utilizar la propia intimidad como objeto de intercambio ocasional: es dar el cuerpo sin haberse entregado uno mismo.

3. Sabe que la libertad no está en hacer lo que me viene en gana, sino en saber gestionar las ganas para saber si conviene.

---

[3] Gomara, I., Serrano, I., de Irala, J., *Sexualidad, vida y salud.* Madrid, Cromotex. 2007.

4. No toma decisiones precipitadas y sin pensar en las repercusiones. Fomenta el autodominio y la autoestima: busca el bien para ti y para la otra persona.

5. Se vive siempre el momento, la improvisación. Te incapacita para asumir metas altas, valores duraderos.

6. Una relación física sin compromiso es necesariamente provisional: induce a pensar que aún está por llegar alguien mejor.

7. Es paciente y da paz y tranquilidad. Sabe esperar: disfruta de cada momento sabiendo que va construyendo su vida y sus ideales, su conciencia y su personalidad.

8. Busca el placer sexual a toda costa: más que buscar hacer el amor, busca «hacerse el amor».

9. La búsqueda del placer se convierte en una cadena que ata, pesa y esclaviza. Al final, el sexo no produce satisfacción completa y pacífica y debe ser continuamente repetido y/o sustituido.

10. No quiere quedarse en las meras sensaciones, sino buscar la verdad que hay en ellas, su valor más profundo.

11. Se acomoda al ritmo natural de la maduración del amor: no se trata de reprimir las tendencias, sino de saberlas dirigir y para eso se necesita aprendizaje y maduración personal.

12. La relación está basada en la comunicación, en el conocimiento y aceptación mutua y tiende a la exclusividad y a la eternidad.

Soluciones:
Ayudan a alcanzar un amor maduro las situaciones 3, 4, 7, 10, 11 y 12.

3. El autoerotismo
y el descontrol afectivo

Hablamos de autoerotismo, cuando una persona se deja llevar por los abundantes estímulos eróticos que hay en el entorno de nuestras sociedades para buscar el placer a través de la masturbación y/o alimentando mentalmente ciertos pensamientos y actitudes. En ocasiones, hay personas que afirman no poder abandonar con facilidad la masturbación. Pueden tener la sensación de estar dominadas por un impulso «incontrolable» y tienen una sensación profunda de culpabilidad y desasosiego cada vez que ceden al mismo. Es aconsejable, en estos casos, consultar con un médico de confianza que les pueda ayudar.

Por «descontrol afectivo» me refiero a cuando una persona se deja llevar por sus sentimientos y afectos (alegría, tristeza, atracción por una persona o una idea) hasta el punto de producirse reacciones exageradas de alegría, cólera, dependencia afectiva ante los hechos y personas que le afectan. Son ejemplos de descontrol afectivo las reacciones de excitación extrema y/o de lloros desconsolados al ver un cantante admirado o una persona que nos resulta atractiva. Otro ejemplo de descontrol afectivo es el estado de tristeza profunda y paralizante que le puede invadir a uno cuando pierde su equipo preferido de fútbol.

En ninguno de estos casos anteriores me estoy refiriendo a situaciones extremas de dependencia que precisan de la ayuda de un médico, sino más bien de tendencias que pueden ser más frecuentes en la adolescencia y que son pasajeras.

Para entender mejor el autoerotismo (como la masturbación) y el descontrol afectivo, y poder tomar una postura más adecuada al respecto, conviene valorarlos junto con las circunstancias que afectan a una persona.

La adolescencia es un período de crecimiento y maduración lleno de retos y oportunidades que se encuentra entre la infancia, donde las vivencias se suelen asumir con optimismo y confianza ante la vida, y la edad adulta, donde dichas vivencias acerca de la vida, de uno mismo y de los demás deben convertirse en conceptos razonados.

Durante la adolescencia, tienen lugar cambios físicos y psicológicos importantes. Estas novedades coinciden con nuevos desafíos y dificultades en el colegio y en sociedad y todo ello coincide con la lógica inexperiencia del adolescente para afrontar tanto cambio simultáneo.

Influyen en los jóvenes sus padres, la familia, los educadores, los amigos y el entorno social en general, y no reciben necesariamente mensajes uniformes de todas estas fuentes. Suelen ser, de hecho, contradictorios. Por ejemplo, puedes recibir de tus padres el consejo de ser austero, mientras que los medios de comunicación se concentran en aumentar el consumismo en los jóvenes.

A estas edades aparece también como novedad la energía y el impulso sexual. Se despierta con vigor la atracción sexual, la sensibilidad y las reacciones físicas y psicológicas en forma de reacciones fisiológicas más o menos automáticas como la erección, o de estados afectivos y emocionales exagerados ante determinadas situaciones o personas, que parecen invadirle a uno. El llanto fácil o la reacción exagerada ante una contrariedad o una persona considerada atractiva son ejemplos típicos de estas respuestas. El autocontrol ante estas respuestas puede resultar difícil, sobre todo, en sus inicios pero puedes aprender a integrar estas manifestaciones que debes considerar, en cualquier caso, como una «buena noticia» porque son el reflejo de un cuerpo y una personalidad sanos en proceso de crecimiento y maduración.

Por la propia naturaleza y localización más externa de sus genitales, el varón suele sentir con más fuerza esta energía sexual en sus manifestaciones físicas pero no es exclusivo de varones. La mujer, por el contrario, es más sensible a los cambios afectivos provocados por sus hormonas y debe aprender a integrarlos, sobre todo, sabiendo que algunos estados afectivos son pasajeros y cambian, por ejemplo, con los días del ciclo menstrual.

Cuando sales con amigos y amigas, no te olvides de estas diferencias y recuerda que tú puedes ayudarles a armonizar su impulsividad y/o afectividad. Por ejemplo, puedes cuidar ciertas manifestaciones físicas de cariño y maneras de vestir o de comportarte. También puedes controlar ciertas manifestaciones emocionales o afectivas de cariño que pueden significar para otra persona algo que tú no quieres transmitir en realidad. A veces, una demostración de cariño entre chicos y chicas puede interpretarse como una declaración de amor. La amistad y el amor pasan por adquirir la sensibilidad suficiente para reconocer estas diferencias de percepción a la hora de tratar a la otra persona correctamente y evitar así malentendidos.

Coincidiendo con todo lo que acabo de describir, en algunas personas se añaden problemas como enfermedades, dificultades o inadaptaciones concretas en el colegio, problemas familiares, etc., que pueden complicar aún más esta situación. Por todas estas razones, que aunque sanas o normales no dejan de constituir un reto para quien tiene que hacer el esfuerzo de ordenar e integrarlas en su vida, se habla de la «crisis de la adolescencia». La crisis de la adolescencia podría, en realidad, resumirse en el duelo entre la tentación del aislamiento para «protegerte» de estos cambios y la apertura a los demás, que es lo que realmente te ayudará a pasar de la inmadurez de la infancia a la madurez de la edad adulta. Efectivamente, todos los cambios que acabo de describir son oportunidades de crecimiento, pero también riesgos si no los superas adecuadamente.

¿En qué consisten estos riesgos? Los cambios físicos y psíquicos que experimentas son signo de desarrollo saludable pero pueden afectar a tu autoestima en una edad donde tiendes a darle mucha importancia a lo que se diga en tu entorno. Los desafíos y retos escolares y sociales te ayudan a crecer pero pueden causar ansiedad. El distanciamiento de tus padres tiene la ventaja de ayudarte a ganar autonomía pero puede acercarte a personas o amigos que no te convienen. Si, además, tienes problemas familiares, puede crecer en ti la ansiedad y la desorientación. La energía y el impulso sexual son manifestaciones de una sexualidad que se prepara para la maternidad y la paternidad pero, si dejas que las dificultades y los retos de la vida te dominen y no optas por crecer en autodominio para entregarte mejor en el futuro, puedes acabar abandonándote a la sexualidad solitaria, precoz y/o promiscua, que suele distinguirse por respetar poco a los demás y ser un modo de «huida» ante problemas en vez de ser una expresión de amor.

En general, hay dos enfoques ante la masturbación que, lejos de ayudarle a uno, pueden dificultar su madurez y apertura a los demás. El primer enfoque es aquel que contempla la masturbación como algo frecuente y, por lo tanto, «normal» y saludable o al menos indiferente.

Hay quienes afirman que la masturbación es necesaria para el desarrollo y, por lo tanto, es no solamente aceptable, sino deseable; algo que, en cualquier caso, nunca habría que «reprimir». Hay personas que argumentan que la masturbación es necesaria para eliminar dolores en los genitales masculinos o para liberar tensiones de tipo sexual o para eliminar los espermatozoides sobrantes ya que el varón produce continuamente espermatozoides desde la pubertad. Hay que afirmar, en primer lugar, que la masturbación no es necesaria para eliminar espermatozoides sobrantes, porque la naturaleza tiene otros mecanismos para conseguirlo: la destrucción corporal de espermatozoides viejos por células llamadas macrófagos y la emisión nocturna e involuntaria de semen, también llamada «eyaculación espontánea». A veces, a esta última se le llama «polución nocturna», pero no me parece acertado el término para referirse a un líquido corporal cuya función es tan relevante como originar la vida humana.

Los dolores testiculares o pélvicos pueden producirse al acumular tensión sexual. Por ejemplo, al ver imágenes pornográficas o al mantener contactos sexuales con alguien. Es verdad que el orgasmo puede acabar suprimiendo esa tensión y/o dolor pero la manera más definitiva de eliminar este problema es no llegar a esa tensión sexual inicial evitando, en primer lugar, los estímulos que lo han provocado. No habrá necesidad de «liberar» tensiones sexuales siempre que uno, de entrada, no los provoque. La masturbación puede conducir a un alivio físico, pero nunca acaba en una satisfacción afectiva porque no es una experiencia compartida de mutua donación. En muchos casos, la masturbación es un indicador de insatisfacción con nosotros mismos o con uno o varios aspectos de nuestra vida. Con este primer enfoque de supuesta «normalidad y bondad» de la masturbación, uno puede acabar atrapado en el círculo del placer egoísta.

El otro enfoque es el de la culpabilidad y el remordimiento obsesivo. Hay quienes no distinguen los actos de las personas que actúan. Conciben a quien se masturba como una «mala persona». Este enfoque le centra a uno en el círculo de la culpabilidad y no ayuda tampoco que uno se libere del autoerotismo.

Por todo esto, entre ambos enfoques cabe centrarse en una postura más equilibrada que es más integradora y realista. Basándose en la educación, es preciso ayudarte a comprender, en primer lugar, las circunstancias intrínsecas de la adolescencia que he descrito al principio de este capítulo. En segundo lugar, que la energía que experimentas en tu cuerpo es una preparación para la entrega del amor. Es la preparación de una sexualidad llamada a ser vehículo de encuentro, relación, amor y vida. Así, la sexualidad adulta resultante puede ser una sexualidad de entrega mutua y personal. En este contexto, prepararte para el amor es aprender a abrirte a los demás, crecer como persona y en autocontrol porque solamente quien es dueño de sí puede entregarse libremente.

Aunque el deseo de la masturbación puede ser el resultado de esta energía sexual sana que se despierta, el abandono a los impulsos es egocéntrico. Con este enfoque, el objetivo acaba siendo superar lo que hay de inmaduro y egoísta en la masturbación. Puedes aprender a amar fortaleciendo tu autodominio y «tomando las riendas de tu sexualidad y personalidad» como veremos a continuación.

Si uno decide libremente superar la masturbación, es de gran ayuda protegerse contra el erotismo del ambiente y la tendencia a cerrarse en uno mismo cuando aparezcan dificultades en la vida. Por encima de simples prohibiciones, cuando eliges libremente no ver ciertas imágenes, revistas o películas, estás, de hecho, luchando contra la banalización de la sexualidad o la utilización sexista de las personas y como meros objetos de comercio sexual. Pero de este modo también te estás protegiendo para ser más dueño de ti mismo. No hay nada malo en que tomes decisiones libres que garanticen mejor alcanzar metas que te pones en la vida. Esto no es signo de debilidad sino, todo lo contrario, una decisión madura y valiente para protegerte y crecer como tú deseas. El autodominio es signo de mayor virilidad y masculinidad si eres un varón y es signo de mayor feminidad si eres una mujer. Si quieres evitar ser esclavo/a de los caprichos de una sociedad que pretende lograr que el erotismo y la sexualidad dominen toda tu vida, una de las soluciones es que boicotees y evites «consumir» sus productos. Es muy llamativo que, si pones la palabra «sexo» en *google*, te aparecen más de 65.000.000 de citas mientras que, si escribes una palabra tan universalmente aceptada como «solidaridad», te aparecen apenas 12.000.000 de citas (estas cifras van cambiando continuamente pero fíjate que siempre existe una desproporción entre ambas; siempre será mayor la de «sexo»). Existe un ambiente de «saturación sexual» que lleva a muchas personas a la «confusión sexual». En el capítulo sobre la propuesta cristiana te describiré también otras ayudas concretas para el cristiano.

Lo mismo ocurre con situaciones aparentemente menos evidentes como lo publicado en un estudio de la revista médica *Pediatrics*[4] que afirma que el contenido de temas sexuales en programas televisivos es responsable del inicio más precoz de

---

[4] Collins, R.L., y cols., *Pediatrics* 2004; 114:280.

relaciones sexuales en jóvenes. No se refieren únicamente a la presentación explícita de actos sexuales, sino también a situaciones o conversaciones que tratan con ligereza la sexualidad propia o ajena o a descripciones de planes para tener relaciones sexuales. Un ejemplo de este tipo de contenidos es una escena de la serie de televisión «Los Serrano» donde un padre felicita alegremente a su hijo después de haber conseguido, «por fin», su primera experiencia sexual.

Se ha comprobado que el 64% de los programas citados en el estudio de *Pediatrics* contenía este tipo de conversaciones o situaciones sexuales no explícitas; una media de 4,4 situaciones por hora de programación. Estos contenidos transmiten a los jóvenes la idea de que la sexualidad es más central en su vida que lo que debiera ser en realidad. Por otra parte, alteran su opinión sobre las posibles consecuencias de tener una relación sexual porque no dan la debida importancia a la conveniencia de retrasar sus relaciones sexuales. Las series no suelen relacionar la sexualidad temprana con consecuencias negativas frecuentes como la decepción afectiva ante una experiencia precoz que no progresa hacia una relación estable o cuando alguien no está preparado/a psicológicamente para asumir sus consecuencias. Tampoco hacen hincapié sobre los embarazos en jóvenes, las consecuencias del aborto, las infecciones de transmisión sexual e incluso sobre los fallos de los preservativos. Los autores del trabajo llaman la atención sobre la irrealidad de lo proyectado por muchas series. Seguramente, también te beneficiarías de la decisión libre de protegerte de estas series, al menos hasta llegar a un mayor grado de madurez. Algunas revistas de adolescentes tipo «Loka», «Superpop», Ragazza», etc., pueden tener el mismo efecto que estas series. En cualquier caso, también hay adultos que evitan ver series o leer revistas que no respetan sus valores y creencias profundas, por lo que la decisión de evitarlos tampoco es una cuestión de edades. Es una actitud tan coherente como la de alguien que no querría ver un programa que ridiculizase a sus padres u otras personas que ama.

El enfoque más integrado que estoy compartiendo contigo sobre el autoerotismo y el descontrol afectivo pone énfasis en que tus padres, y los educadores que trabajan en acuerdo con ellos, te acompañen en la superación de los riesgos que te acechan. Pero es de gran ayuda que tú mismo adoptes un estilo de vida saludable, como cuidar tu cuerpo con una higiene adecuada, una dieta equilibrada y evitando el consumo de sustancias nocivas y adictivas, como el tabaco, el alcohol u otras drogas, como la marihuana. Todo ello te ayuda a tener un mejor control, una mayor satisfacción con tu organismo. Cuando, además, practicas un deporte, un ejercicio físico cualquiera que sea, te sientes mejor con tu cuerpo y lo aceptas con más facilidad. El deporte tiene beneficios físicos, psicológicos y sociales. Puedes elegir un deporte en función de tus habilidades y carácter. Puedes preferir un deporte en grupo (fútbol, baloncesto), un deporte compartido con una o pocas personas (tenis, pádel, frontón) o un deporte más solitario (natación, footing-jogging). Los beneficios físicos del deporte tienen que ver con efectos sobre la oxigenación de la sangre, la salud cardio-vascular, destreza, fuerza y tono muscular. También ayuda a canalizar mejor la energía sexual naciente del adolescente. Los efectos psicológicos están unidos con los efectos físicos. El deporte te ayudará a crecer en fuerza de voluntad, espíritu de sacrificio y afán de superación. Mejorará tu salud psicológica al facilitar la canalización de la energía y agresividad propias de la rutina de la vida diaria. Ganarás en seguridad personal y en confianza en ti. Aprenderás que tienes capacidades y limitaciones y el deporte te ayuda a asumirlas como buenas. Los efectos sociales beneficiosos tienen que ver con la valoración de la sana competitividad (respetuosa con las «reglas de juego»), el aprendizaje de la colaboración con otros para conseguir un fin común, con la aceptación y el compartir éxitos y fracasos (en la vida hay que aceptar y compartir los éxitos y los fracasos). El deporte te ayuda a llenar las horas de ocio de una manera saludable y puedes encontrar buenos amigos/as con quienes compartir algo sano. Aprendes a valorar que todo el mundo es importante en sociedad al igual que cada uno tiene un papel imprescindible en un deporte de equipo donde las victorias son de todos. Es bueno que te sientas satisfecho/a con tu cuerpo y tu personalidad porque la insatisfacción o la baja autoestima te pueden llevar a abandonarte más a tus impulsos, emociones y afectos.

El cierre sobre ti mismo y el abandono a la utilización egoísta de la energía sexual o al descontrol afectivo se pueden prevenir con los estilos de vida anteriores y haciendo, además, un esfuerzo sincero para ocupar el tiempo libre de una manera inteligente y constructiva. Puedes mejorar tu formación y buscar, junto con tus amistades, la respuesta a los problemas bioéticos que se plantean hoy en día como el aborto, la clonación, la eutanasia o la responsabilidad que tenemos ante el hambre mundial. También puedes realizar actividades altruistas con el grupo de amigos y amigas. Algunos ejemplos de este tipo de actividades van desde la ayuda a ancianos en las residencias o en sus domicilios realizando tareas domésticas o recados para ellos, labores ecologistas de mejora del medio ambiente, ser monitores y monitoras de tiempo libre para cuidar y educar a personas más jóvenes o trabajar en grupos como Caritas u ONG (organizaciones no gubernamentales) de cooperación al desarrollo de países en vías de desarrollo. Seguro que encuentras algo que vaya con tu personalidad.

Este tipo de actividades cuyo objetivo no es perder el tiempo hablando de los demás para criticarlos, o «encontrar pareja», sino estar juntos, conocerse y ayudar al prójimo, te enseñan a amar y te permiten conocer a personas del otro sexo sin la tensión de las situaciones de «emparejamiento» precoz. Los jóvenes que se aburren pasando tardes enteras en centros comerciales acaban «buscando pareja» para pasar el rato. Los «rollos de una tarde» nada tienen que ver con el amor y no te preparan para el amor, más bien al contrario. En todo este proceso es bueno que seas tú el protagonista de tu propio crecimiento personal y de tu adaptación a todos los retos y novedades que te rodean.

Los padres, los educadores que trabajan en acuerdo con tus padres y las buenas amistades tienen un papel imprescindible de acompañamiento. Como decía un amigo mío, «nuestra vida puede ser grande por la gente a quien acompañamos». Utilizando el símil de que el paso de la infancia a la edad adulta es como nadar de una orilla a otra, acompañarte significa navegar en una barca cerca de ti (nadador) para recogerte en los momentos de agotamiento y relanzarte al mar para que sigas nadando. Acompañarte no significa subirte a una barca y remar por ti de una orilla a otra. De esta manera nunca aprenderías a nadar. Tampoco sería acertado alejarse de ti y dejarte nadando solo. No habría nadie allí para salvar tu vida en el caso de

que te estuvieras ahogando o que te estuvieras diri-
giendo hacia un grupo de tiburones hambrientos.
El acompañamiento consiste también en ayudarte
facilitando las actividades antes descritas como el
ocio sano y el deporte. Es una tarea importante de
acompañamiento ayudarte a elegir bien tu grupo
de amigos. Aunque tú eres quien al final elige a tus
amigos libremente, siempre es posible facilitar o
promocionar que dicha elección sea más acertada.

Hay diferentes tipos de grupos de «amigos».
Los grupos que podemos llamar «facilitadores»,
sanos, son aquellos donde sus componentes tienen
una finalidad bien definida. Son espacios de altruismo, formación y expansión. Los componentes
de este tipo de grupos «hacen el grupo» para un fin
que ayuda a todos. Son espacios de participación
donde todos son importantes y crecen.

Los grupos donde no se madura no suelen tener
una finalidad bien definida o dicha finalidad es des-
tructiva. Suelen reunirse más bien para «compartir
frustraciones» o quejarse de sus padres y educadores. En dichos grupos suele haber un líder importante y los demás «le siguen la corriente». Contrariamente a lo visto antes, estos grupos «les hacen a
sus componentes» y la presión ahoga la personalidad naciente. En el acompañamiento, tus padres
pueden aprovechar la oportunidad educativa de los
errores que cometes y es importante que elijan bien
a las otras personas que también te educan (otros

educadores, colegio). Tú también puedes hacer un esfuerzo para aprender de tus errores. Además, tus padres pueden ayudarte a que te protejas de la agresión comercial del erotismo ambiental, sobre todo, cuando seas muy joven, poniendo filtros en el ordenador, instalándolo en lugares visibles de la casa, eligiendo contigo los videojuegos, etc. Más tarde, serás tú mismo quien deberá protegerse solo.

Tu entorno debería ayudarte propiciando un ambiente de continua afirmación de los valores propios de la juventud (deseo de aprender, altruismo, mirada limpia ante el mundo, sensibilidad ante la justicia), de tu capacidad y potencial de ser feliz y a hacer feliz a otros. Al final serás aceptado/a por los demás como eres y te convertirás así en una persona independiente.

En resumen, el autoerotismo y el descontrol afectivo pueden coincidir con la pubertad y sus cambios hormonales y de personalidad, a los que hay que añadir las dificultades propias de la adolescencia. El objetivo es superar estas situaciones que conducen al egocentrismo. Se trata de crecer mejor en la capacidad de amar. La buena comunicación con los padres, y con los educadores que trabajan en acuerdo con ellos, el ocio sano que conjuga el deporte con otros momentos de diversión sana, la formación personal y el altruismo son condimentos imprescindibles para esta superación y crecimiento personal.

4. Los riesgos de la sexualidad precoz

La sexualidad fuera del contexto de un proyecto familiar estable no está exenta de problemas y no es infrecuente que se considere desde instancias de la Salud Pública como «un factor de riesgo» que se debería desalentar. En primer lugar, porque es un período en que el paso de la infancia a la edad adulta es, como poco, desconcertante, tanto para el joven como para los adultos que le rodean. Sufren cambios físicos que, a veces, les acompleja. Los cambios psicológicos son complejos y pueden coexistir deseos de independencia, aunque, de hecho, necesitan seguir dependiendo de los padres. Las sensaciones sexuales irrumpen y pueden ser intensas y constantes; el autocontrol puede ser difícil. Tu desarrollo biológico va avanzando automáticamente mientras que tu desarrollo psicológico se desenvuelve con más lentitud y depende de tu voluntad y de las oportunidades que se te brindan.

El cuerpo del joven puede hacerle sentir como si lo tuviera todo pero, al tener una relación sexual precoz, suele recibir menos de lo esperado a la vez que cree haberlo dado todo. Es evidente que para amar hace falta ser dos, pero primero hace falta ser uno para poder unirse y darse uno mismo a otra persona. Es bueno que aprendas a amarte, a comprenderte y esto empieza por un proceso de aceptación de tu cuerpo, de tus limitaciones; pero también por la objetividad suficiente para no ser negativo/a y valorar tus aptitudes, ya que toda persona las tiene, aunque crea lo contrario. La incapacidad de aceptarte como eres produce reacciones como la envidia, la excesiva idealización y dependencia total de otra persona, que te pueden hacer sufrir. Una persona con estas características acaba siendo excesivamente posesiva y, por ello, tiene más dificultad para amar plenamente a otra. Para darlo todo hay que tener algo que entregar y «ser alguien» previamente. Aunque tu cuerpo esté preparado, puedes no estarlo desde el punto de vista psicológico y, hagas lo que hagas, solamente puedes dar parte de tu ser. Evidentemente, esto empeora cuando a la otra persona le ocurre lo mismo.

En la adolescencia, es más fácil la confusión entre el deseo, el afecto interior y el amor auténtico. Muchos jóvenes tienen, incluso sin ser conscientes de ello, más bien un deseo de ternura que de relaciones físicas. La «nostalgia romántica del joven», esa sensación profunda de soledad, de que necesitas al otro, de que te falta alguien a quien amar, coincide con el despertar de tus sentimientos y anhelos profundos de altruismo. Si, en vez de tener paciencia y controlar tus sentimientos para madurar mejor, das rienda suelta a tus deseos, la probabilidad de equivocarte y de sufrir por ello es mayor.

Los estudios científicos demuestran que la probabilidad de acabar con una infección de transmisión sexual (ITS) aumenta con el incremento del número total de parejas sexuales que tiene una persona a lo largo de su vida. Hay que afirmar, por lo tanto, que no solamente es un riesgo tener varias parejas concurrentes (simultáneamente en un momento determinado), sino que también es perjudicial tener varias parejas de manera seriada (de manera secuencial en el tiempo). Estamos hablando de infecciones de transmisión sexual que pueden ser incurables, que pueden dar problemas a lo largo de la vida como la infertilidad o, de manera crónica, brotes repetitivos de ampollas genitales dolorosas que impiden que se tengan relaciones sexuales, o la aparición de problemas graves, como la cirrosis o el cáncer. Algunas facilitan la infección por el sida[5].

Sería un error pensar que todo esto se soluciona con el uso de preservativos. Existe mucha confusión sobre este asunto. Por ejemplo, un estudio reciente

---

[5] De Irala, J., Hanley, M., López, C., *Propóntelo, propónselo. Evitar el sida*. Pamplona, Ediciones Internacionales Universitarias, 2006.

afirma que el uso correcto del preservativo en todas las relaciones sexuales es protector porque, tras un año de seguimiento, el 37,8% de las estudiantes universitarias que utilizaron preservativos en absolutamente todas sus relaciones sexuales se infectaron por el Virus del papiloma Humano (VPH), frente al 89,3% que los usaron muy pocas veces. Efectivamente, estos datos indican un efecto protector, pero es llamativo que el 37,8% de las estudiantes que utilizaron el preservativo en todas sus relaciones sexuales acabaron, no obstante, infectándose y solamente en un año de seguimiento. Habría que decir que el preservativo es eficaz para «reducir el riesgo» de infección pero que no es eficaz para «evitar el riesgo» de infección por el VPH. El VPH no tiene curación, aunque a veces desaparece espontáneamente, y es responsable de cáncer de cuello de útero. Aunque el preservativo sea más eficaz para prevenir la infección por el virus del sida (virus VIH) en términos de probabilidad, la probabilidad de contagiarse siempre existe y estamos hablando de una enfermedad grave y mortal, a pesar de la existencia en la actualidad de tratamientos. Los tratamientos producen muchos efectos secundarios y, con el tiempo, producen resistencia (dejan de ser eficaces) contra el virus.

No parece razonable, por todo lo anterior, pensar que es bueno o indiferente iniciarse prematuramente en la sexualidad. La probabilidad de encontrarse con una gran decepción y con sufrimiento es inevitablemente más alta que en edades más adultas, aunque los jóvenes solamente tienden a fijarse y a valorar el placer inmediato que obtienen.

ACTIVIDAD: ¿CUÁNDO ESTARÁS PREPARADO/A PARA TENER RELACIONES SEXUALES?

A continuación contesta a este cuestionario y, al final, mira la solución de esta actividad:

El día en que me case, me arrepentiré de haber esperado para tener relaciones sexuales con otras personas.   Sí ___   No ___

¿Aprobarían mis padres que tuviera relaciones sexuales ahora?   Sí ___   No ___

Si tuviera un hijo, ¿estoy preparado/a para darle apoyo económico y emocional?   Sí ___   No ___

Si terminara una relación de pareja, ¿me sentiría bien de haber tenido relaciones sexuales con esa persona?   Sí ___   No ___

¿Estoy seguro/a de que nadie me presiona para tener relaciones sexuales?   Sí ___   No ___

¿Sé cómo decirle a otra persona que no quiero tener relaciones sexuales ahora?   Sí ___   No ___

¿Estoy totalmente seguro/a de que la otra persona no está infectada de una infección de transmisión sexual, incluyendo el VIH/sida?   Sí ___   No ___

Solución: Si contestas que «no» a cualquiera de estas preguntas, entonces lo mejor es que esperes y no tengas relaciones sexuales.

5. LA SEXUALIDAD SIN AMOR, LA SEXUALIDAD SIN COMPROMISO

La sexualidad sin amor auténtico es frecuente entre quienes inician relaciones sexuales prematuramente durante la juventud y tiene sus riesgos propios. Sin embargo, los efectos de la sexualidad sin amor también se pueden observar en adultos:

1) Pueden llevar más lejos de lo que uno espera y se pasa fácilmente de fracasos diversos a la búsqueda de «nuevas experiencias». Evidentemente, muchas de estas «nuevas experiencias» sexuales son claramente perjudiciales para la salud.

2) La sexualidad puede derivar en vínculos inesperados que nos condicionen la vida, como los embarazos inesperados, a pesar de la masificación de la anticoncepción. Hay estudios que demuestran que los embarazos en adolescentes ocurren antes entre quienes, en teoría, mejor informadas estaban respecto a la anticoncepción. No quiero con esto menospreciar el valor que tiene toda vida humana y el valor y el mérito que tienen las mujeres que deciden reorganizar su vida y llevarla ade-

lante junto con la de su bebé, al encontrarse con un embarazo inesperado. Afortunadamente, muchas salen adelante sobre todo cuando reciben el apoyo pertinente de sus familias. Pero no es, a pesar de esto, una situación ideal ni para la joven que se queda embarazada ni para su hijo/a.

3) La infidelidad y la multiplicidad de parejas seriadas o concurrentes son frecuentes en el ámbito de la sexualidad sin amor y propician las infecciones de transmisión sexual.

4) La sexualidad sin su significado pleno deja de ser un lugar de encuentro entre un varón y una mujer, se acaba vulgarizando y se puede convertir, por el contrario, en mero instrumento de utilización mutua para obtener un placer personal. Si la perspectiva humanizante del amor está ausente, la relación puede incluso hacerse violenta. Cuando, en la relación sexual, se disocia la inteligencia y el corazón del cuerpo (utilizado solamente como objeto de placer), o la sexualidad en su sentido amplio se confunde con la genitalidad, parte de esa persona puede sentirse decepcionada, vacía.

Los adolescentes y adultos jóvenes que deciden tener relaciones sexuales pueden opinar que lo hacen por amor, aunque, de momento, no quieren o no ven la necesidad del compromiso con la otra persona. Cabe plantearse si es factible hablar de auténtico amor sin compromiso. El deseo de exclusividad y de perpetuidad es propio del amor auténtico. En cualquier caso, las relaciones sexuales con ese amor sin compromiso real no están exentas, tampoco, de complicaciones que es bueno que conozcas antes de tomar una decisión tan importante:

1) Una relación con otra persona se puede ver inconscientemente acelerada porque la exigencia de una vida en común llega antes y porque, paradójicamente, se hace más difícil replantearse esa relación. Se crea un vínculo cuya ruptura hace tanto daño como cualquier fracaso de proyecto de pareja.

2) Las primeras relaciones sexuales siempre dejan cierta huella porque dejamos parte de nosotros mismos aunque sea de manera inconsciente.

3) Cuando no existe un compromiso formal y un proyecto de futuro concreto, los jóvenes se pueden encontrar con que lo único que tienen en común son sus relaciones sexuales. Pueden estar viviendo, por otra parte, vidas totalmente independientes. En estas circunstancias, es fácil caer en la monotonía y, finalmente, terminar la relación para buscar «nuevos amores» que llenen «más».

4) La ausencia de compromiso da inseguridad. La seguridad del compromiso es uno de los anhelos más frecuentemente citados por las personas que se quieren, aunque algunos olvidan el papel del sacrificio para mantener firme un compromiso ante los conflictos que siempre surgen.

5) Existe el peligro del bloqueo del proceso de

maduración que lleva a una persona hacia el amor adulto. Hay personas que dicen que necesitan cambiar frecuentemente de pareja porque «dejan de querer a la otra persona» en cuanto aparecen las primeras dificultades. Dado que es imposible evitar que aparezcan dificultades en cualquier relación humana, nunca encuentran a la persona «adecuada» y corren el riesgo de acabar en la tristeza de la soledad.

En cualquier caso, también es necesario informarte que existen estudios científicos que contradicen claramente la idea que tienen muchos de que las primeras relaciones sexuales en los jóvenes están motivados, de hecho, «por amor». Por ejemplo, en un estudio publicado en el *British Medical Journal*[6], cuando se les preguntaba a un grupo representativo de adultos jóvenes sobre sus primeras relaciones sexuales, solamente un 13% (el 5% entre quienes eran menores de 15 años) afirmaba que la principal motivación de su primera relación sexual fue el amor. La motivación más frecuentemente descrita fue la curiosidad (el 50% de los varones aseveraban que fue fruto de un arrebato) y otros motivos descritos fueron el dejarse llevar por el ambiente, el alcohol y el deseo de perder la virgi-

---

[6] Dickinson, N., Paul, C., Herbison, P., Silva, P., *First sexual intercourse: age, coercion, and later regrets reported by a birth cohort*, BMJ 1998; 16:29-33.

nidad. El 76% afirmaba que su primera relación tuvo lugar tras el primer encuentro con esa persona, con un encuentro «reciente» o con una persona «conocida» pero no en el marco de una pareja mínimamente estable. El 61% de los varones afirmaba que dicha relación duró menos de 3 meses (en el 40% de los varones solamente duró un encuentro). Al final, en el momento de realizar el estudio, la gran mayoría de estos jóvenes reconocía estar arrepentido por haber tenido esas primeras experiencias sexuales. Esta proporción era mayor, cuanto más joven era la edad de inicio de las relaciones sexuales. Una cosa es lo que opinan los jóvenes, en teoría, y otra es lo que ocurre en la realidad, a juzgar por sus opiniones publicadas en los estudios científicos. Respecto al «deseo de perder la virginidad», fíjate que esto se puede deber, fundamentalmente, a la falta de libertad que hay en la actualidad: uno no puede opinar que prefiere no tener relaciones sexuales hasta estar preparado para mantener un compromiso estable con una persona sin ser juzgado negativamente o incluso ridiculizado en público. Esto es una coacción contra la cual es especialmente complicado defenderse en ciertos ambientes y a ciertas edades. Como fruto de esta presión, muchos quieren «ser normales» cuanto antes y buscan perder la virginidad para ser como los demás, aunque en el fondo no lo deseen.

No hay que negar que pueda existir un cierto enamoramiento sinceramente afectivo en algunas de estas primeras relaciones sexuales. Sin embargo, nadie debería ser tan ingenuo como para no tener en cuenta el gran riesgo que existe en la realidad, de acabar, como mínimo, decepcionado porque ese «enamoramiento afectivo» no era aún lo suficientemente maduro, pues, al menos inconscientemente, no podía dar lugar a un compromiso real ni asumir plenamente todas las posibles consecuencias de la sexualidad. De hecho, a juzgar por los datos de algunas encuestas a jóvenes y de consultas que hacen en páginas web destinadas a responder a sus dudas, muchos anhelan tener más ayuda del entorno y una mayor capacidad para resistir a la presión que incita a la banalización de la sexualidad.

Finalmente, no quiero dejar de hacer hincapié en esa posibilidad real de que las relaciones sexuales resulten en un embarazo. Aunque muchos hayan salido adelante habiendo nacido en circunstancias similares y nos alegramos de que no se haya recurrido al aborto, no es menos cierto que no constituye, a priori, la mejor de las situaciones ni para el niño o niña ni para estos nuevos padres, probablemente, insuficientemente preparados para afrontar esta situación nueva. Cualquiera debería tener esta gran responsabilidad en mente antes de tomar la decisión de tener relaciones sexuales porque ni siquiera la anticoncepción puede dar la garantía total de que no se produzca un embarazo. Por otra parte, el aborto nunca será una solución ni aceptable ni humana, aunque ellos perciban sinceramente que dejar nacer a su hijo/a les pueda, a una o a ambos, cambiar la vida y crean que no pueden asumir el cambio. El aborto (también llamado con el eufemismo de «interrupción voluntaria del embarazo» –IVE–) consiste, en definitiva, en interrumpir el desarrollo de un ser humano que no tiene ninguna culpa de la nueva situación de esta pareja (sus padres biológicos). Una vez que han decidido tener relaciones sexuales y ante la evidencia de la existencia de una nueva vida humana como fruto de esas relaciones sexuales, es el momento de asumir las consecuencias de sus decisiones y de apostar por la solución más humana de llevar adelante su vida y la del bebé engendrado. De no poder asumir esta responsabilidad, cabe también la solución de entregar al bebé en adopción. Hay listas de espera de matrimonios idóneos para la paternidad y la maternidad que están deseando compartir su amor adoptando bebés en todas las ciudades. La llamada «píldora del día después» o mal llamada «contracepción de emergencia» tampoco es la solución a este problema. En primer lugar, porque uno de sus mecanismos de acción es abortivo precoz. En segundo lugar, porque se ha demostrado que ni siquiera entregando varias dosis de dicha píldora a miles de mujeres para que lo tuvieran cómodamente disponible, en caso de necesitarlo, se ha conseguido disminuir ni los embarazos imprevistos ni el aborto[7].

ACTIVIDAD: ¿CÓMO DECIR QUE «NO» SI TE PRESIONAN?

A continuación te presento algunas líneas de presión típicas y ejemplos de respuestas para que puedas mantener tu libertad si tienes objetivos diferentes en tu vida:

Argumentos de presión	Posibles contestaciones
Todo el mundo lo hace. Marta y Enrique ya lo han hecho. ¿Es que no te atreves?	Yo no soy ni Marta ni Enrique, ni todo el mundo. Yo soy yo, además sé que no es verdad que todo el mundo lo hace. Los débiles son los que no saben decir que no.
Si me quieres de verdad...	Si me quieres de verdad, respeta mis sentimientos y no me empujes a hacer algo que no quiero.
Sé que tú también quieres, lo que pasa es que tienes miedo...	¿Sabes leer mi pensamiento? Además, si realmente quisiera, no estaría discutiendo contigo.

---

[7] http://www.unav.es/preventiva/sexualidad_fertilidad (ver sección anticoncepción/aborto).

Si no tienes ahora relaciones conmigo... ¡no te volveré a ver más!	Bueno, si así lo quieres, la verdad es que te echaré de menos.
Vamos a probar cómo es.	¡Esta es una razón bastante estúpida para tener relaciones sexuales!
Vamos... ¡anímate!, vamos a pasar un rato divertido.	No es cuestión de ánimo, sino de querer y ahora mismo no quiero acabar haciendo algo que realmente no quiero hacer.
Tómate primero una copa y luego hablamos.	No, gracias, no necesito emborracharme para hacer las cosas que no quiero. Además, me gusta estar consciente.
Alguien se acerca excesivamente a ti o baila para provocarte.	Le comentas: «no me gusta cómo bailas» y buscas a tus amigos para divertirte con ellos.

6. LA ESPERA PERMITE PREPARARTE PARA LA OTRA PERSONA, ES UN ACTO DE AMOR ANTICIPADO

Al igual que cualquier actividad humana, la sexualidad humana lleva a la felicidad en la medida en que exista una preparación previa, cierto conocimiento y un tiempo de maduración de la persona. Resulta útil explicarte que el amor humano tiene que ir madurando desde el primer enamoramiento menos maduro del adolescente, hasta el amor adulto (ver figura más adelante).

El amor entre un varón y una mujer comienza por una atracción física inicial, un deseo de conocer mejor a la otra persona, un deseo de amistad. Se pasa del «amor a sí mismo» a amar a otra persona, aunque al principio este amor siga siendo «para uno mismo». Podemos decir que es un amor un tanto posesivo en sus inicios porque el enamoramiento inicial nos gusta en tanto que nos aporta algo, nos da felicidad y estimula nuestro narcisismo. Con cierta frecuencia, se piensa más en uno mismo que en la persona amada. Por ejemplo, podrías no querer salir con esa persona en un lugar donde te encontrases con conocidos si percibes que la persona a quien quieres no es perfecta y temes las críticas de tu entorno. Este proceso de maduración es posible si adquieres simultáneamente ciertas características personales y psicológicas que son imprescindibles para crecer como persona y para tener éxito en el amor. Así, si una persona no tiene paciencia, no sabe comunicarse, no decide «avanzar» declarándose a la persona amada o «renunciar» a ella para evitar una fijación que no lleva a ninguna parte, no conseguirá nunca pasar del «amor a uno mismo» al «amor al otro».

El proceso de maduración puede seguir su curso en la medida en que ambos vayan incorporando más claves como las que acabo de enumerar. Si aprendes a aceptar al otro, creces en voluntad, libertad y autodominio, puedes pasar del «amor al otro para uno mismo» al «amor al otro para el otro».

El amor puede seguir madurando y, cuando los enamorados aprenden a querer realmente el bien del otro, a superar las dificultades habituales en cualquier relación humana, cuando han madurado la idea del compromiso, llegarán finalmente al amor adulto: «juntos, amarán a los demás». Si son creyentes, integrarán, además, su fe en todo el proceso. El amor humano adulto es fecundo, es aquel donde varón y mujer abrazan el objetivo común de querer a los demás. Cuando se habla de la «fecundidad de la pareja», no significa pensar solamente en los hijos que puedan tener juntos. La fecundidad matrimonial incluye, de hecho, tres aperturas. La pareja «como un equipo» se abre a los demás en tres vertientes esenciales. A través de la paternidad, teniendo hijos propios y/o adoptando los hijos de otros; también se abren a los demás a través de la amistad y, por último, se abren a la sociedad colaborando en su construcción y mejora a través de la solidaridad y la participación social. El amor entre varón y mujer no alcanzaría su pleno potencial si no se abre a los demás, si no incluye una preocupación genuina por aliviar el sufrimiento ajeno, trabajando, por ejemplo, a favor de la democracia o la justicia social. Evidentemente, cada matrimonio reparte su tiempo entre cada una de estas «aperturas» según su generosidad, sus posibilidades, situaciones y aptitudes personales. Por ejemplo, algunos matrimonios que no logran un embarazo y deciden que la adopción no es una opción para ellos, pueden optar por dedicar más tiempo libre a una asociación civil que beneficia a otras personas. Fíjate que estarían, de hecho, «ayudando a los hijos de los demás» como en la situación de adopción.

Lo que no cabe duda, al observar esta progresión de la madurez desde el enamoramiento inicial al amor maduro, es que es preferible que llegues al amor y a la sexualidad adulta después de enriquecerte con todas las cualidades y capacidades que permiten su pleno desarrollo. En esto consiste la «preparación de la espera».

En la tabla que sigue[8] resumo las diferentes etapas del amor, sus características y las manifestaciones apropiadas a cada etapa. Hoy hay una tendencia a saltarse etapas o a utilizar manifesta-

---

[8] Gomara, I., Serrano, I., De Irala, J., op. cit.

ciones que no son las adecuadas a cada etapa del amor. Si no respetas el ritmo natural del amor, es más probable que te equivoques, que te quedes insatisfecho/a y que te arrepientas de ello más tarde.

	Características	**Manifestaciones**
1. Flechazo	— Con frecuencia prevalece el atractivo físico. — No suele haber conocimiento de la otra persona. No se comparte casi nada. — Es una sensación provocada por un contacto visual. Es sentido, no querido. — Suele ser inmediato, involuntario.	— Se mira a esa persona de forma distinta que al resto. — Expresiones de admiración: ¡guau, qué chico/a tan guapo/a!; ¡Qué bien está! — Gestos: contacto visual.
2. Amistad	— Se empieza a conocer y a compartir cosas. Hay más confianza, conversación y cercanía. — No es exclusivo. Se comparte con el grupo de amigos y amigas. — Ayuda a mejorar como personas. — Se teme perder y se cuida. Es querido y voluntario.	— Aparecen los primeros sentimientos profundos. — Se involucran con iniciativa en el grupo de iguales. — Expresiones: estoy bien contigo; me gustas. — Gestos de amistad: se comparte el tiempo, las aficiones, las dificultades, etcétera.

3. Noviazgo	— Se conoce mejor y se acepta a la otra persona tal cual es. Se confía más y hay menos secretos entre ellos. — Tiende a ser una relación más duradera y se piensa en construir un proyecto de vida común. — Se quieren con un amor que busca el bien de la otra persona.	— Salen juntos más a menudo, también con los amigos. — Expresiones: te quiero; me gustaría no perderte. — Gestos: caricias que expresan sentimientos guiados por el respeto mutuo. — Se piensa mucho en la persona querida que se manifiesta en numerosos detalles de atención.
4. Matrimonio	— Se llega al compromiso personal. Se da una confianza y entrega total. — Es exclusivo. Se es fiel a la persona amada. — Es complementario: varón y mujer. — Tiende a la eternidad. El compromiso y la entrega se mantienen en el tiempo, superando las dificultades. — Se vive un proyecto de vida en común: es la unión de dos vidas.	— Comparten sus vidas sin perder autonomía y libertad. — Trasciende a uno mismo. Hay una apertura hacia los demás: hijos, familia, solidaridad, etc. — Expresiones: te quiero para siempre. — Gestos: incluye la completa unión corporal y espiritual: el abrazo conyugal. — El ejercicio de la paciencia, el perdón y el buen humor fortalecen la unión esponsal.

La espera permite que las cualidades de tu persona se desarrollen y maduren a la par de tu desarrollo biológico, que es más automático, y sin que el impulso de la biología te precipite a situaciones que frenarían o harían más complicado tu crecimiento personal. Esta preparación precisa de tiempo y de un esfuerzo y ritmo personal. Constituye, en realidad, un proceso de aprendizaje donde desempeñan papeles esenciales tu voluntad que madura (sin la cual no es posible ningún cambio), el acompañamiento de tus padres, la ayuda de educadores y otras personas de tu familia y entorno que deberían hacerlo en acuerdo con tus padres, sobre todo, cuando surgen dificultades. Los buenos amigos también son imprescindibles durante este proceso. Estas cualidades, o aptitudes personales, coinciden con las llamadas «habilidades para la vida», como la paciencia o la capacidad de sacrificio, el esfuerzo y la superación personal, referidas por algunos científicos en revistas médicas como aspectos imprescindibles en la educación afectiva y sexual de la juventud. Por el contrario, los programas de educación sexual más bien «veterinarios» se centran solamente en la información biológica.

Las características que acabo de describir no son complejas ni extrañas. De hecho, cualquier grupo de adolescentes o adultos jóvenes acabaría enumerando estas claves si se les preguntase «qué cuestiones o características considera importantes para tener éxito en el amor». Es curioso observar que los jóvenes los enumeran independientemente de provenir de niveles socioeconómicos altos o bajos o que estudien en colegios públicos o privados tanto mixtos como diferenciados.

Además de una oportunidad para prepararse en la serenidad y objetividad, la espera es en sí un acto de amor hacia esa persona con quien puedes acabar compartiendo tu vida, aunque no la conozcas todavía. Cuando tras la espera te entregas a la persona amada por primera vez, no solamente le estás entregando tu persona entera en esa relación sexual concreta, sino que, de hecho, le ofreces indirectamente el don de la exclusividad, el regalo de la espera, el don de las dificultades y paciencia que has tenido en el pasado para conseguirlo. La espera se puede considerar, por lo tanto, como un «acto de amor anticipado» que se hace realidad o concreto en el momento en que te entregas por primera vez a la persona amada. Hay personas que dan poco o ningún valor como don especial a la exclusividad de la primera entrega. Sin embargo, es una opción que objetivamente existe y que tiene su valor y es apreciado por los jóvenes.

La espera, siempre que no sea interminable, ayuda a la pareja a cultivar la ternura y a asentar una verdadera comunicación. El encuentro sexual llega entonces como culminación de la unión de

los corazones, el deseo ha crecido al no ser satisfe-
cho de inmediato, y ambos pueden entregarse con
absoluta confianza y con la certeza de ser amados
verdaderamente. Uno de los problemas con los que
se encuentran frecuentemente los jóvenes de hoy
es que, a veces, llevan muchos años juntos, dema-
siados, antes de concretar su decisión de casarse.
Es verdad que hay quienes no tienen más remedio
que retrasar este compromiso por razones diversas
como las económicas o la formación personal pero
también ocurre que se acostumbran, o los propios
familiares les alientan a esperar hasta tener todo, o
casi todo, resuelto antes de casarse (especializacio-
nes acabadas, piso comprado y completamente
amueblado, un trabajo fijo, etc.). A veces, lo único
que se busca es alcanzar ciertas «comodidades»
porque uno piensa que son imprescindibles para la
felicidad matrimonial. Sin embargo, la espera excesiva antes del compromiso concreto del matrimonio puede causar dificultades no solamente al
hacer más difícil cumplir con ese deseo libremente
adquirido de posponer la entrega sexual mutua
hasta el matrimonio, sino en otros campos como el
de la fertilidad que va disminuyendo con la edad.
Efectivamente no se trata solamente de problemas
económicos o profesionales porque en algunos países, y en el nuestro también, algunos jóvenes se
casan antes y con menos medios económicos. A lo
mejor abrazan con una mentalidad de mayor aven-

tura el encanto de comenzar antes sus vidas en común, siendo más jóvenes, aunque todavía les queden pendientes de acabar algunos proyectos como los académicos o profesionales, o aunque tengan que empezar viviendo de alquiler. La energía propia del adulto más joven también es una ventaja a la hora de tener y criar a los hijos. En definitiva, opino que es importante llegar a un equilibrio justo entre las ventajas de la juventud con sus dosis de «aventura» y optimismo ante el matrimonio y, por otra, la necesaria responsabilidad para poder atender con dignidad los deberes propios de la vida matrimonial.

Muchos se preguntan, al reflexionar sobre estas cuestiones, cómo pueden saber que ya les ha llegado el momento de entregarse a la persona amada o cómo se sabe que esta persona es con quien, efectivamente, pueden compartir su vida y fundar una familia. Evidentemente, cada cual tiene que encontrar su respuesta personal a esta pregunta, que dependerá de su madurez y motivación para adaptar su comportamiento a sus creencias y valores libremente asumidos. Lo que sí puedo indicarte es que, cuando esperas con el espíritu, la motivación y la voluntad de prepararte mejor para la persona con quien eventualmente compartirás tu vida, aumenta la probabilidad de ser objetivo ante una situación concreta y de acertar en esa elección final. Por el contrario, quienes se precipitan en tomar este tipo de decisiones y tienen relaciones sexuales pronto, acaban, con bastante frecuencia, arrepintiéndose de sus decisiones.

Para conseguir que la espera tenga éxito, enriqueciendo a las personas enamoradas de manera que acaben preparándose bien para el amor, es imprescindible que los novios hablen de ello explícitamente y se pongan de acuerdo sobre cómo lo van a plantear en su relación concreta sin dejar de lado en la decisión sus conciencias y sus creencias, libremente asumidas. Por ejemplo, es importante que acuerden desde el principio cómo piensan «administrar» los gestos físicos del amor (besos, caricias, etc.). Una premisa de la sexualidad es que «cada manifestación física del amor llama a la siguiente» porque besos y caricias preparan al cuerpo para la entrega total. La pareja se puede encender rápidamente aumentando el deseo del abandono y la entrega total de los cuerpos. Las caricias son lenguajes que deben adaptarse, sin precipitación, a la historia amorosa, a la situación real de esa relación concreta. Esto quiere decir que, si un varón y una mujer deciden posponer la entrega sexual hasta llegar al matrimonio, es importante que lo hablen y que pongan los medios pertinentes para que así ocurra. De lo contrario, su historia de amor dejaría de ser una historia personal, construida por ellos, y podría acabar siendo más bien el reflejo del ambiente, de la música en una noche de discoteca o una simple imitación de lo que hacen sus amigos o el entorno. Podría dejar de ser un proyecto común, para acabar siendo el reflejo de apetencias o arrebatos del momento. Si dos personas saben exactamente lo que pretenden y si tienen objetivos concretos y comunes, es más fácil que puedan, juntos, conseguirlo. Pero muchas veces no es suficiente saber exactamente lo que se pretende y tener objetivos concretos y comunes. También es importante poner todos los medios posibles para que dichos objetivos sean más fáciles de lograr. Por ejemplo, algunos jóvenes que salen juntos consideran que no hay ningún problema en vivir en un piso de estudiantes mixto o en irse de vacaciones juntos y dormir juntos en la misma habitación de un hotel, de una casa de amigos o de familiares donde les alojan. Es frecuente, al hablar de este tema, que afirmen a sus padres que no hay nada de malo en hacer esto y que los padres deberían «confiar en ellos» puesto que tienen «las ideas claras» al respecto. Efectivamente, puede ser que no pase nada, sobre todo si, a pesar de este tipo de convivencia cercana, la intimidad de cada persona se respeta por completo, pero existen razones para desaconsejar esto y que te propongo que tengas en cuenta. En primer lugar, no cabe duda de que si has tomado la decisión de esperar al matrimonio, debes poner los medios para garantizar el éxito de tus propósitos. Las situaciones anteriores pueden dificultar, que tus propósitos se cumplan, sobre todo si tiendes a repetirlas. Es obvio que aunque en teoría es posible, en la práctica puede resultar difícil respetar la intimidad de cada uno en esta convivencia. Además, vuestras acciones como pareja tienen un efecto ejemplarizante y, en los tiempos que corren, puede ser beneficioso para otros poder contar con el ejemplo de parejas que muestren claramente en público que quieren esperar al matrimonio antes de tener relaciones sexuales. Cuando dos duermen en la misma habitación de hotel, lo menos que podemos afirmar es que este mensaje queda mas bien en duda. En definitiva, al vivir estas situaciones uno puede estar dejando de lado ocasiones para fortalecer sus propios propósitos, libremente asumidos, y también ocasiones para servir de ejemplo e inspiración a otros. Podríamos decir que evitando esta convivencia, más que una cuestión de «falta de confianza» es «una cuestión de estilo de vida». Un estilo que nos identifica y, a la vez, transmite «discretamente» a los demás aquellos valores personales que deseamos preservar por ser fundamentales en nuestra vida. Porque al hablar de «cuestión de estilos» no quiero decir que es una cuestión sencillamente «opinable» e «intrascendente». Al contrario, los veo como decisiones y estilos que resultan más beneficiosos para la vida de los novios y los que le rodean y pueden acabar siendo, por ello, cruciales.

Algunos jóvenes dirían ante estos consejos que «hay que ser más románticos» y no calcularlo todo de esta manera. Es verdad que hay que dejar pie a la libre espontaneidad del romanticismo pero sería un error, o una ingenuidad, pensar que las cuestiones importantes como la sexualidad y sus consecuencias (como la posible paternidad) se protegen mejor sin el control de la voluntad de dos personas que se quieren. En este sentido, y aunque siempre existen ejemplos concretos que no sigan la regla, habría que afirmar que empezar a salir con alguien, como pareja o novios antes de los 17-18, se acompaña de más dificultades y retos que de ayudas y beneficios para lograr las metas que acabo de describirte. Pero, evidentemente, es una decisión que debes tomar personalmente teniendo en cuenta lo que te pueden recomendar las personas en quien confías. Soy consciente de que lo que estoy escribiendo es complicado. Siempre es difícil aconsejar una edad concreta como óptima para salir con alguien en situación de pareja o de «noviazgo». Pero se puede afirmar con rotundidad que, en la actualidad, hay una lamentable tendencia generalizada a no darle importancia a la necesidad de una mínima madurez para salir en pareja y a que los jóvenes lo adelanten todo demasiado. Por ejemplo, algunos no ven nada malo en que un/a joven de 13-14 años ya esté en situación de emparejamiento y, sin embargo, es más probable que menos que encuentre dificultades, sufrimiento y que a largo plazo se arrepienta de ello.

Es muy típico que una persona acabe haciendo cosas, como tener relaciones sexuales, que realmente no desea cuando está bajo la influencia de estas sustancias. Por ejemplo, en el caso del alcohol debes saber que, en términos medios, dos cervezas para los varones y una cerveza en mujeres es suficiente para alcanzar niveles de alcohol en sangre que te prohíben conducir (saldría positiva una prueba de alcoholemia). Las mujeres son más sensibles al alcohol porque tienen menos lactato deshidrogenasa, la enzima que metaboliza el alcohol en sangre. El consumo inadecuado de alcohol puede hacer que pierdas el autodominio y la libertad a la hora de tomar decisiones importantes. Para llegar a constituir una pareja excelente de patinaje artístico donde dos patinan al unísono, los patinadores antes tuvieron que aprender a patinar por separado y tuvieron que entrenarse con esfuerzo. En un segundo tiempo, tuvieron que encontrarse y trabajar juntos para buscar la unión desde sus diferentes estilos. Al final viene ese resultado fecundo de un patinaje excelentemente coordinado, donde dos parecen uno. Otro aspecto importante para quien quiera ser siempre dueño/a de sí mismo/a es evitar el consumo de drogas como el alcohol, la marihuana, etc.

7. Quizá ya has tenido relaciones sexuales

Si ya has tenido o tienes relaciones sexuales, siempre estás a tiempo de optar por dejar de tenerlas para iniciar un período de espera, por muy corto que sea, y que se puede transformar también en un don especial a esa persona amada que a lo mejor todavía no conoces. Muchas personas se arrepienten por no haber esperado y por haberse equivocado en sus decisiones pasadas pero tienen el derecho a que se les respete si toman la decisión libre de cambiar de actitud ante la sexualidad. Es bueno que sepas reconocer y aceptar las circunstancias personales que te hayan podido llevar a esta decisión en el pasado. A lo mejor no tuviste modelos o amistades adecuadas que te hablaran del valor de la espera; es posible que confundieses el deseo con el amor o, simplemente, que te dejases llevar por un entorno que no acepta la libertad de quien decide vivir la espera sin insultarlo o tacharlo de «persona rara». Es posible que la presión que sufriste fuese superior a tu voluntad, capacidad de autodominio, capacidad de tomar decisiones autónomas, o que fueras imprudente al perder el autocontrol por consumir sustancias, como el alcohol u otras drogas. Tampoco habría que olvidar tu parte de responsabilidad en el caso de que no aceptases fortalecer tu voluntad a tiempo. Es posible también que te haya podido motivar el egoísmo y que, simplemente, quisiste «pasártelo bien» aprovechándote de alguien. Lo interesante es que puedes apostar por el cambio. También es bueno que aprendas a «perdonarte» y a asumir tus errores con el optimismo y la esperanza de quien tiene la oportunidad de mejorar algo en su vida. No quiero decir necesariamente que quien no espera, entrega menos o no entrega nada cuando tiene una primera relación sexual con la persona con quien decide finalmente casarse. Es evidente que, cuando se ama realmente a alguien, nunca se acaban las ocasiones para hacerle feliz. Sin embargo, sí se puede afirmar que la espera es un don especial, el don de entregarse y descubrir juntos por primera vez la sexualidad, que no puede ofrecer del mismo modo quien no ha esperado.

Pero existe también el concepto de «virginidad secundaria». Cada vez son más frecuentes los jóvenes que deciden recuperar la oportunidad perdida para prepararse mejor para el amor a pesar de no poder dar ya el don de la primera entrega a alguien. La «virginidad secundaria» consiste en que un/a joven que ya ha tenido relaciones sexuales decide dejar de tenerlas hasta que llegue el día en que pueda comprometerse con otra persona para toda su vida y fundar una familia con ella. Consiste más que en una «segunda» virginidad, en «limitar» la carencia del don de la exclusividad y en reconquistar la exclusividad del corazón que es característica de la virginidad inicialmente perdida. No es lo mismo entregarse a la persona amada después de haber tenido una o pocas experiencias sexuales que hacerlo después de un número alto de experiencias anteriores. Esta nueva espera se convierte automáticamente en otro don diferente al de la exclusividad de la primera entrega pero meritorio, no obstante, y con su propio valor porque se renuncia a un placer conocido para entregarse mejor a quien será tu compañero/a en la aventura de fundar una familia estable a través del matrimonio. Se reconquista la exclusividad del corazón característica de la virginidad haciendo el esfuerzo de preparar el corazón para el amor exclusivo y duradero.

ACTIVIDAD: *CARACTERÍSTICAS O MANIFESTACIONES QUE AYUDAN A ALCANZAR EL AMOR*

Marca con una «x» las características o manifestaciones que ayudan a alcanzar el amor[9]:

1. ☐ Su desarrollo es lento y respetuoso.

---

[9] Op. cit.

2. ☐ Se busca a la otra persona como medio de placer.

3. ☐ Te sientes atada a la otra persona, celosa: te inquietas excesivamente cuando tu pareja se muestra muy amable con alguien del sexo opuesto. No disfrutas tanto de la compañía de los demás.

4. ☐ Sabes esperar, no buscas hacerlo todo, te tomas tu tiempo para ir aprendiendo a querer.

5. ☐ Confías, te fías, te ayuda a aumentar la autoestima.

6. ☐ Se establece una relación basada en la comunicación fluida. Cada uno puede expresar sus puntos de vista y sentimientos sin esperar rechazo. Ayuda a mantener una relación con los demás.

7. ☐ Sientes que, si no actúas como se espera de ti, no te amará más. También sabes que, si él o ella no fuera lo que tú quieres que sea, ya no te interesaría.

8. ☐ Continuamente piensas que te estás perdiendo otras muchas cosas, como que no tienes autonomía propia.

9. ☐ Sabes que compartes la vida con quien tú has escogido, eres tú mismo pero en compañía.

10. ☐ No te sientes engañado/a, actúas con honestidad. Perdura ese sentimiento, aunque pases por tiempos malos.

11. ☐ Haces lo que sea por mantenerle cerca de ti, o es ella/él quien te pide lo que sea para mantenerte cerca, sin importar el precio.

12. ☐ Cambias automáticamente de opinión, de valores, de intereses según estén o no de acuerdo con los de tu pareja.

Solución: ayudan a alcanzar el amor las manifestaciones que tiene el número de orden: 1, 4, 5, 6, 9, 10.

8. Algunos comentarios sobre la cohabitación y el matrimonio

Hoy en día, muchos escogen la cohabitación (convivencia en pareja) en lugar del matrimonio como primera forma de convivencia con la persona amada. Algunos deciden vivir así para siempre; otros acuden al matrimonio después de esta experiencia y, en cualquier caso, parece que es una fórmula que resulta atractiva a bastantes jóvenes de hoy.

Los estudios que están apareciendo, en la actualidad, sobre la cohabitación indican que la cohabitación antes del matrimonio aumenta el riesgo de divorcio una vez casados. Parece que la cohabitación puede cambiar la actitud de la pareja ante el matrimonio. Las personas que cohabitan son menos entusiastas ante el matrimonio y la paternidad. La institución del matrimonio les atrae menos y, cuando se casan, parece que tienen menos éxito y son más favorables al divorcio. La cohabitación seriada le hace a uno cambiar más fácilmente de pareja ante problemas que, de otra manera, podrían solucionarse con un esfuerzo de ambos, porque uno se puede acabar acostumbrando a las rupturas. El nivel de «certeza» o de «seguridad» sobre esas relaciones acaba siendo menor.

Por lo que se deduce de estudios científicos actuales, no parece que se aprenda a amar mejor con múltiples experiencias y estas experiencias son, por el contrario, predictivas de fracaso en el futuro. Los matrimonios entre personas que antes han cohabitado fracasan más que los que no cohabitan con anterioridad. Algunos estudios indican que cuanto más larga es la experiencia de cohabitación, más se fija la costumbre/norma de «bajo nivel de compromiso» y esto dificulta el mantenimiento del compromiso del matrimonio si se casan. Parece que las personas que cohabitan no logran, por su situación de ausencia de compromiso para la indisolubilidad, familiarizarse suficientemente con la dinámica de «resolución conjunta de conflictos» tal como sucede con más facilidad en los matrimonios. Hay estudios que describen la incapacidad de resolver conjuntamente los conflictos como un determinante clave del fracaso matrimonial y esto explicaría el mayor número de fracasos matrimoniales entre quienes antes han cohabitado.

En resumen, los datos indican que está ocurriendo lo contrario de lo que se pensaba antes. Al-

gunos pensaban que se tendría más éxito en el matrimonio si uno «prueba» antes convivir con esa
persona. Hoy se ve que esto no es así. Lo que mejora el éxito del matrimonio es prepararse bien
para ello antes, conocer bien a esa persona durante un noviazgo sincero y prudente.

No podemos negar que hay una diferencia entre las personas que viven juntas teniendo la intención de comprometerse para siempre (existe en
este caso la voluntad de perdurar, aunque no lo hayan hecho de una manera explícita) y aquellas sin
dicha intención. Sin embargo, se diferencian del
matrimonio en la fuerza y validez que indiscutible-
mente da el compromiso solemne ante terceros.

El matrimonio es una manera concreta de es-
tablecer un compromiso público entre un varón y
una mujer, en el ámbito civil y en el religioso. La
protección legal del matrimonio es importante
porque se trata de la primera institución social, la
célula básica de toda sociedad, de la cual depen-
den las características y el futuro de las sociedades. El compromiso matrimonial protege a los hijos que necesitan una institución estable para
crecer y madurar. Es un apoyo al principio de la
vida en común porque nos ayuda a no tirar la toa-
lla enseguida ante problemas que siempre estarán
presentes en cualquier pareja. Además, esta ayuda
adquiere una mayor fuerza en el caso de un matrimonio indisoluble. El matrimonio debe ser espe-

cialmente protegido por esta función social importante y singular que tiene. El compromiso que hay
detrás de un matrimonio como acto personal, con
un componente privado (el consentimiento) y otro
público (su presentación oficial ante testigos y la
sociedad), puede actuar como una protección de la
relación en momentos difíciles. Es preciso revitali-
zarlo ante los jóvenes, recordando estas características y sus funciones específicas.

9. La propuesta cristiana

Todo lo que acabo de exponer es perfectamente asumible por cualquier joven y, por eso, decimos que es una propuesta universal. La Iglesia hace la misma propuesta al cristiano para ayudarle a crecer y alcanzar la capacidad de amar de verdad. También es posible comprender mejor el sentido profundo de la sexualidad humana desde la fe. Mi intención en este capítulo es caminar contigo, si eres cristiano, para ayudarte a integrar mejor tu fe y tu visión de la sexualidad humana y para animarte a buscar más formación en este aspecto. Si no eres cristiano, quizá te ayude a entender mejor un punto de vista que tal vez no compartes.

La Iglesia no puede renunciar a un mensaje que conoce por la revelación de Dios y por su experiencia milenaria como lo mejor para el ser humano en su búsqueda de sentido y felicidad: hemos sido «creados por amor» y «elegidos para amar»[10]. Por eso insiste en la misma propuesta a pesar del re-

---

[10] García-Morato, J.R., *Creados por amor, elegidos para amar*, Pamplona, Eunsa, 2005.

chazo y de la incomprensión que recibe por ello. El cristiano tiene motivos para alegrarse porque la ciencia no contradice dicho enfoque; más bien comprueba, desde su experiencia personal con la vida cristiana, que es un camino adecuado.

La enseñanza de la Iglesia sobre la sexualidad humana es extremadamente rica en textos, algunos de los cuales incluso sorprenderían a quienes los leen por primera vez. Buscan la verdadera felicidad del ser humano a través de la integración de su sexualidad. Uno puede pensar que la Enseñanza de la Iglesia persigue ciertos oscuros intereses partidistas basados en prohibiciones más o menos ridículas. Sin embargo, las prohibiciones inteligentes y bien razonadas se pueden comprender como medidas que nos protegen del sufrimiento. Véase, por ejemplo, la prohibición de un padre que no deja a un hijo de 2 años acercarse a una piscina. La Iglesia se puede percibir como una institución que conoce bien al ser humano en todas sus facetas y que pretende ayudarle a lograr esa felicidad que, de hecho, anhela. No en vano, lleva siglos enseñando básicamente lo mismo. Por ejemplo, aunque el deseo de la masturbación puede ser el resultado de esta energía sexual sana que se despierta, el abandono a los impulsos es egocéntrica y por ello considerado un pecado por el cristiano que desea siempre crecer en amor, contrariamente al egoísmo. Afortunadamente, el cristiano cuenta también con la fuerza del sacramento de la confesión para tener más fuerza en su lucha por el autodominio. Las propuestas que la doctrina de la Iglesia hace al cristiano, percibidas por algunos como «simples prohibiciones», son ayudas para alcanzar con más facilidad su desarrollo como persona y para evitar el sufrimiento que resulta de algunas decisiones equivocadas.

Sería un error pensar que la Iglesia considera bueno todo lo que enseña simplemente y ciegamente porque dichas enseñanzas forman parte de su doctrina. Ocurre precisamente lo contrario, la Iglesia adopta y enseña lo que ha percibido como bueno para el ser humano. Por esta razón, muchas de sus enseñanzas son patrimonio de todos los seres humanos, son comunes a muchas culturas y son buenos para cualquiera, aunque no sea cristiano. Desde esta perspectiva, quisiera que entiendas mejor algunas de sus enseñanzas. Y espero que sigas buscando conocerlas mejor en el futuro.

La sexualidad humana es de trascendental importancia en la revelación cristiana no solamente por ser un medio a través del cual un varón y una mujer que se aman se pueden entregar mutuamente por entero (don del cuerpo y don de toda la persona), sino, también y sobre todo, porque puede dar origen a la vida de un nuevo ser humano. De esta manera, el hombre y la mujer participan con su libertad y generosidad en la obra creadora de

Dios dando la posibilidad de que una nueva vida humana comience. Para el cristiano que cree en la vida eterna después de la muerte, dar vida no es banal porque uno es consciente de que, desde su sexualidad y generosa entrega, puede abrir el camino para que un nuevo ser humano nazca. Sus hijos pueden participar en la vida terrenal siendo solidarios para ayudar al prójimo y, sobre todo, pueden alcanzar la felicidad eterna viendo a Dios después de la muerte. Este bien en potencia es tan grande que la Iglesia cuida muy celosamente todo aquello que pudiera alterar el significado profundo de la sexualidad humana como lo son su banalización y su comercialización en la sociedad actual.

Por otra parte, para la Iglesia, todo ser humano tiene una dignidad que debe ser respetada y protegida y no puede aceptar que una persona sea utilizada como objeto y en el caso de la sexualidad como objeto de placer. De ahí la importancia que se da a la preparación y formación personal de los jóvenes antes de iniciarse en la vida sexual. Sin la preparación adecuada, es más fácil equivocarse y confundir, por ejemplo, un deseo con el amor. La sexualidad humana se puede convertir en un mero instrumento egoísta de búsqueda mutua de placer. Los fracasos tan frecuentes hoy en amor y sexualidad son, en gran medida, consecuencia de estos errores.

La espera antes del compromiso, aconsejada al

cristiano, se convierte entonces en una auténtica protección contra el sufrimiento en el amor humano; le ayuda al cristiano a prepararse mejor para ese gran servicio de la vocación del matrimonio, de la paternidad y la maternidad.

Al saber que las relaciones sexuales que les unen como una sola carne están bendecidas por Dios, la entrega del cuerpo se hace de una manera inseparable de la entrega de la persona. La entrega física es cada vez mayor y se acompaña de una entrega también cada vez mayor de la persona de tal manera que el cuerpo expresa realmente lo que hay en el interior del ser humano (confianza, agradecimiento, respeto, admiración, afán de eternidad, esperanza de estar juntos siempre, deseo de hacerle feliz al cónyuge y, en su caso, amor por el hijo que puede venir) con la seguridad de estar haciendo algo muy bueno con el propio cuerpo que entregamos a la persona amada y con la conciencia de que el placer que se deriva de esta entrega, y que debemos querer procurarle a la persona amada, es bueno y querido por Dios[11].

La oración durante la espera es también una gran ayuda para el cristiano que puede contar con el amor y la ayuda de Dios para vivir bien esa espera, en particular en momentos difíciles, si aparecen.

---

[11] De Aysa, M., *Sexo: un motivo para amar,* Palabra, 2001, 2ª ed., Folletos MC.

El matrimonio cristiano responde perfectamente a la toma de conciencia del cristiano del papel que debe desempeñar en la sociedad donde
vive: por respeto y solidaridad con esa sociedad,
anuncia públicamente su matrimonio y se compromete con su pareja ante ella. Además, el cristiano tiene fe en que el sacramento del matrimonio
es una importante ayuda concreta para vivir mejor
su vocación de fundar una familia; si eres cristiano, no parece consecuente querer iniciar esa
vida sin contar con esta ayuda concreta.

El matrimonio, en términos generales, constituye una unión de amor y vida entre un varón y
una mujer. Dicho amor se abre a los demás al
transmitir la vida, constituye la primera y vital célula de la sociedad y es una comunidad educativa
donde el hijo es querido por sí mismo y no por lo
que pueda «valer». El matrimonio cristiano constituye, además de lo anterior, una comunidad cristiana donde se custodia, revela y comunica la fe.

La sexualidad humana es una «buena noticia»
también para el cristiano. El cristiano cree que la
sexualidad humana ha sido creada por Dios para
que el hombre y la mujer, a semejanza del amor
que Él les tiene, puedan amarse en cuerpo y alma,
puedan gozar a través del placer de la gratificación
sexual y puedan tener hijos, como reflejo del amor
que se tienen y como fruto de su generosidad al
querer compartir su amor con ellos.

10. Epílogo

Como ves, estás ante una aventura de futuro apasionante. Eres una persona libre y puedes construir tu vida en función de tu vocación personal para el amor. Atrévete a ser feliz de verdad. Te animo a seguir formándote, a seguir leyendo porque la lectura ordena bien las ideas. Ten paciencia porque las cosas que merecen la pena se preparan con sosiego y superando las dificultades, cuando surjan, a veces con sacrificio personal.

Busca un grupo de amigos y amigas para dedicar tu tiempo libre al ocio sano, al deporte, a seguir aprendiendo juntos y a ayudar al prójimo. Además de pasarlo bien juntos, esta es la mejor manera de madurar y convertirte en una persona capaz de amar de verdad. Además, verás que, con la ayuda de gente que te quiere, conseguirás alcanzar tus aspiraciones. Si eres cristiano, cuenta con la fuerza que da la oración y los sacramentos.

No dudes en escribirme (unmedico@gmail.com) si quieres hacerme cualquier comentario sobre este texto, te lo agradezco de antemano.

Jokin de Irala*

---

* Es autor de otros libros relacionados con el tema de este dBolsillo mc. Estos títulos son: *Comprendiendo la homosexualidad*, Pamplona, Editorial EUNSA, 2ª edición, 2009; y *Propóntelo, propónselo*. Evitar el sida, de Jokin de Irala, M. Hanley, C. López, Pamplona, Ediciones Internacionales Universitarias, 2ª edición, 2009. Para más información: http://www.joveneshoy.org/

Una forma sencilla de explicar grandes cuestiones

OTROS TÍTULOS

Si desea suscribirse o recibir más información diríjase a:

www.palabra.es

Telfs.: (34) 91 350 77 20 - (34) 91 350 77 39
comercial@edicionespalabra.es